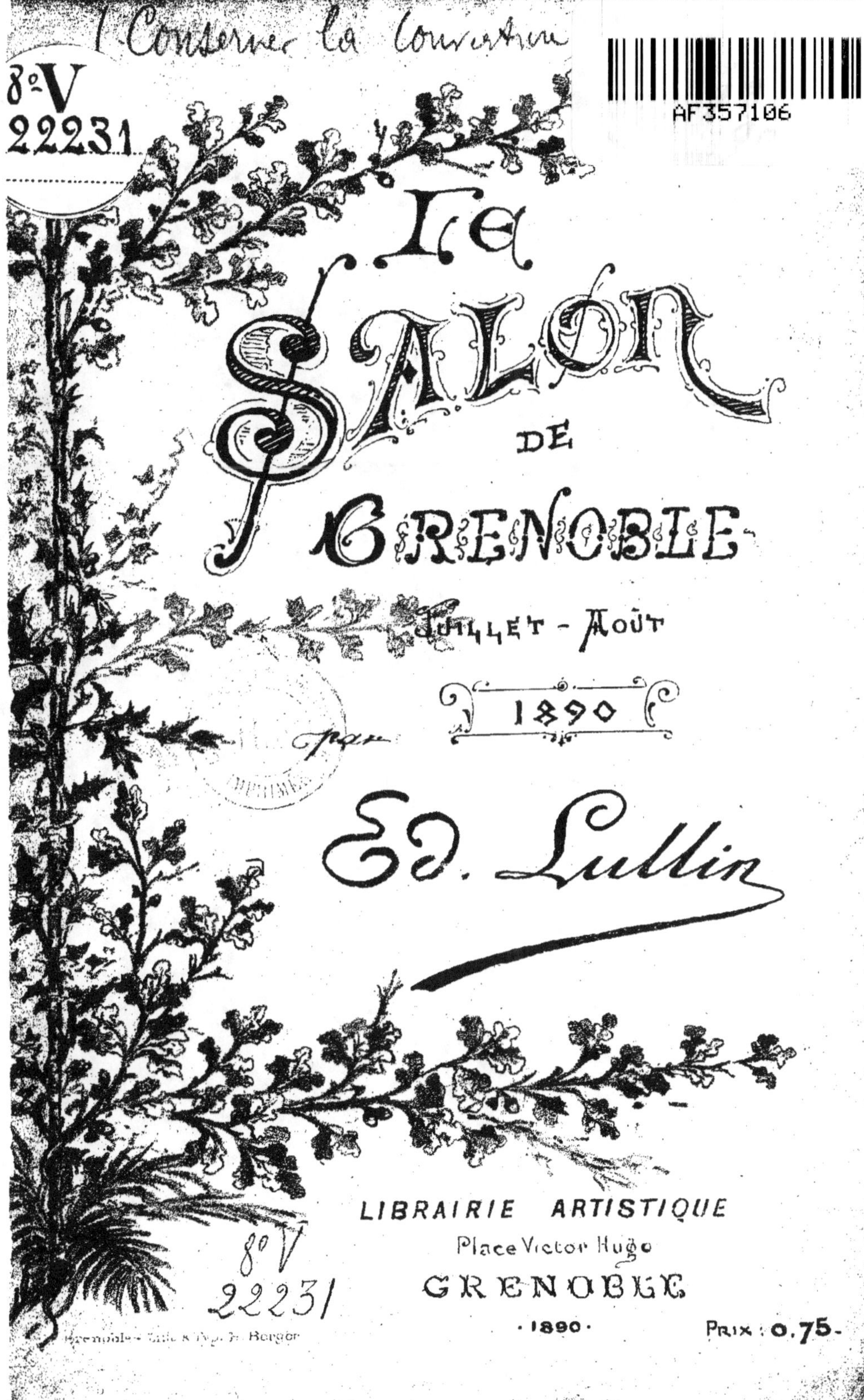

LA SALON DE GRENOBLE

JUILLET - AOÛT

1890

par

Ed. Lullin

LIBRAIRIE ARTISTIQUE
Place Victor Hugo
GRENOBLE

·1890·

PRIX : 0.75

Grenoble — Lith. & Typ. F. Berger

LE SALON
DE GRENOBLE

Juillet-Août 1890

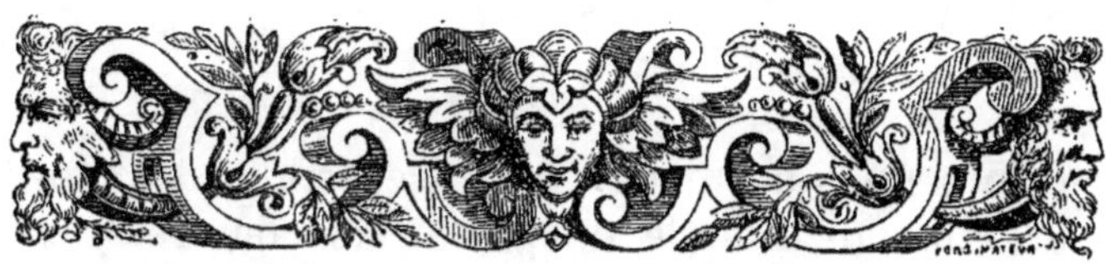

LE SALON
DE GRENOBLE
EN 1890

Lors de la dernière Exposition trisannuelle de la Société des Amis des Arts de Grenoble, en 1886, nous avions pris la liberté de publier quelques notes sur les plus importantes des œuvres de peinture et de sculpture réunies par elle pour quelques semaines dans le beau Musée de la cité dauphinoise, et aujourd'hui que cette vaillante Société, après un retard d'une année motivé par l'Exposition universelle de 1889, fait de nouveau appel aux artistes, le bienveillant accueil qu'avait reçu notre première publication nous encourage à reprendre la plume à l'occasion du *Salon de Grenoble de 1890*.

Si nous nous permettons d'entreprendre de nouveau ce labeur difficile de parler des œuvres des
artistes du Dauphiné et du dehors, ce n'est pas que
nous prétendions nous poser en guide et en conseil-
ler des visiteurs du Salon de Grenoble, pas même
de ceux qui ne le considèrent que comme un but
agréable de promenade, c'est bien plutôt parce que
nous aimons sincèrement les beaux-arts et que
nous sommes animé d'une vive sympathie pour les
artistes qui les cultivent; et il nous semble que,
par une franche causerie avec la partie du public
qui voudra bien lire ces lignes, nous contribue-
rons en quelque manière à rapprocher les visiteurs
des artistes dont ils examinent les œuvres, ce qui
ne peut être selon nous que d'un heureux effet pour
les uns comme pour les autres.

Dans les notes que nous avons prises de notre
mieux au travers des salles de la 16ᵉ Exposition de
Grenoble et que nous venons grouper ici, nous
avons laissé de côté les principes spéciaux acquis
dans nos études et travaux comme ingénieur, et
notre règle a été simplement le résultat de notre
pratique des arts du dessin et d'une longue fré-
quentation des ateliers d'artistes aussi bien que de
la nature elle-même. Chaque artiste doit être libre,
estimons-nous, du choix de son sujet, libre surtout
de la tendance de son esprit et de la route où le
pousse son tempérament; nous ne nous préoccu-
pons que peu des récompenses qu'il peut avoir rem-
portées ailleurs et pour des œuvres autres que
celles exposées, et nous lui demandons compte seu-

lement, non pas de son talent, notre compétence ne va pas jusque-là, mais de la manière dont il rend les beautés de la nature, et de l'impression qu'il fait sur notre esprit et sur notre sentiment, et qu'il fera peut-être sur ceux des autres.

Ces notes paraîtront sans doute bien incomplètes, et souvent peut-être tel lecteur, tel connaisseur, tel artiste surtout, protestera contre nos impressions et nos réflexions ; mais en prenant la liberté de les exprimer ici, nous désirons seulement qu'on les reconnaisse sincères et indépendantes, et qu'on y sente vivre une sympathie vraie pour ceux qui aiment les beaux-arts et qui leur consacrent leur vie.

*
* *

Le Salon de Grenoble de 1890 ne peut pas faire et ne fait pas sur les visiteurs une impression unique et puissante, à cause du nombre et de la divergence des écoles, de leurs manières différentes de voir et d'interpréter la nature, et encore de la variété des procédés qui sont mis en œuvre par les artistes pour la représenter. L'impression générale qu'on y ressent a quelque chose de diffus, de compliqué, et ce caractère, qui est, du reste, commun à l'Exposition de Grenoble et à celles qui lui sont contemporaines dans d'autres villes, ce caractère provient de ce que l'art traverse actuellement une époque de transition et de renouvellement.

Après le règne assez long des amis du *romantis-*

me, une réaction violente avait amené celui du *réalisme*, et les exagérations souvent un peu brutales
par lesquelles ce dernier s'est signalé, aussi bien
dans la peinture que dans la littérature, ont produit à
leur tour une nouvelle réaction, et nous devons à
celle-ci les écoles, jeunes encore, dont les artistes
prennent les noms variés d'*impressionnistes*, de
modernistes, de *symbolistes*, de *naturalistes* et d'*i-
déalistes*. Comme les écoles précédentes n'ont pas
désarmé et ont encore, en même temps que les
plus récentes, des représentants plus ou moins distingués dans les expositions importantes comme
celles de Grenoble, le public se trouve en présence
d'un grand nombre de modes très différents de
comprendre et d'interpréter la nature ; cette variété
peut n'être pour beaucoup qu'un élément, tantôt de
distraction, tantôt de lassitude, mais pour les esprits d'élite elle est un sujet fort intéressant d'observation et de comparaison, et chacun d'eux a le
plaisir de s'y choisir un groupe d'artistes vers lequel
le portent particulièment ses sympathies.

La diversité des impressions que l'on peut ressentir au Salon de Grenoble est encore augmentée par
le fait qu'aujourd'hui le nombre des dames et de-
moiselles qui s'occupent des beaux-arts est légion,
et qu'on trouve de leurs envois dans toutes les
branches de la peinture ; aussi aurons-nous à en
signaler quelques-uns de remarquables, particulièrement dans les tableaux de genre, dans les portraits les fleurs et les natures mortes.

Au point de vue matériel, nous trouvons regret-

table que la plupart des artistes se bornent à appo-
ser au bas des œuvres qu'ils envoient aux Expositions leur signature plus ou moins lisible ou fantai-
siste, et il nous semble que pour ces œuvres l'usage
devrait s'établir de doter chaque cadre d'une
tablette donnant le nom de l'auteur et le sujet du
tableau. Ces brèves inscriptions rendraient ici les
mêmes services qu'elles rendent dans les musées
nationaux où elles sont devenues réglementaires, et
leur brièveté même laisserait au catalogue toute
son utilité pour ceux qui veulent parcourir les salles
d'exposition en pleine connaissance de cause.

Au même point de vue, bien des visiteurs, et les
artistes exposants tout particulièrement, remarque-
ront avec regret que bon nombre de tableaux ne
sont pas placés dans l'Exposition au jour qui leur
conviendrait le mieux, et aussi que tous sont posés
bien verticalement, tandis qu'ils gagneraient souvent à être inclinés un peu en avant, mais ce sont
là des inconvénients inséparables, d'une part du
grand nombre de peintures de grandeurs et de
genres très variés qu'on a été forcé de loger dans
des locaux limités, et d'autre part des difficultés et
des exigences matérielles d'une installation qui a
dû être faite rapidement et ne doit durer qu'un
temps assez limité.

Quant à l'organisation elle-même du Salon, on a
eu soin de lui faire laisser libres toutes les parois de
la salle principale du Musée de Grenoble, de manière à ce que les étrangers ne soient pas privés
pendant la durée de l'exposition de la vue du grand

Rubens et des autres toiles célèbres des écoles anciennes qui font la réputation de ce Musée. Le salon de 1890 a couvert de ses tableaux la salle I, ordinairement consacrée à l'ancienne école française, puis la salle III, attribuée d'ordinaire à l'école française moderne, puis la grande salle rectangulaire (S. IV) parallèle à la rue Villars, et enfin la petite salle V qui occupe l'angle nord du Musée. Le plus petit des locaux affectés d'ordinaire à la sculpture et la moitié du plus grand ont été attribués aux envois des sculpteurs, à la céramique, aux dessins, gravures et photographies, tandis que dans le milieu de la grande salle centrale (S. II) sont placés des chevalets pour les aquarelles et les pastels, ainsi que plusieurs statuettes remarquables en bronze et en marbre.

Les beaux locaux du Musée de Grenoble se prêtent admirablement à une exposition du genre de celle que la Société des Amis des Arts vient d'y installer pour quelques semaines ; mais la réception et surtout l'installation, convenable et raisonnée d'un si grand nombre d'œuvres d'art, n'en ont pas moins été un labeur long et ardu ; aussi les visiteurs comme les exposants comprendront en parcourant le Salon combien ils doivent de reconnaissance à ceux qui ont affronté ces fatigues avec zèle et dévoûment, notamment à M. Charlemagne, secrétaire général de la Société, et à M. Marcel Reymond, l'un de ses vice-présidents, qui a consacré au classement des objets exposés et à la rédacdaction du catalogue tout son temps et sa haute compétence dans les questions d'art.

Et maintenant, va franchement ton chemin, petit livre, et fais de ton mieux pour ne pas paraître trop monotone aux visiteurs du Salon de Grenoble, et pour convaincre les artistes exposants que ton désir n'est pas de plaire comme le flatteur, mais d'être utile comme l'ami.

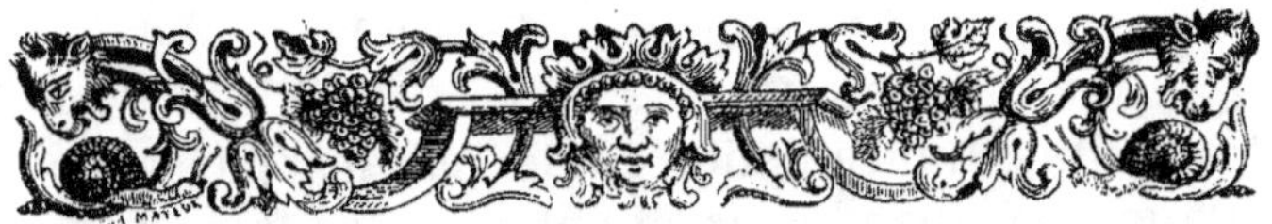

LE PAYSAGE

Au Salon de Paris de 1890, la médaille d'honneur a été adjugée au célèbre paysagiste Français, et à cette occasion l'on peut constater avec étonnement que c'est la première fois que cette haute récompense est attribuée à un peintre de paysage. Mais on en conclurait à tort qu'au beau pays de France le public ne porterait que peu d'intérêt aux peintures qui lui représentent les sites si variés offerts par la nature, car les tableaux des paysagistes y sont partout aimés et appréciés. Ils le sont surtout dans le Dauphiné, dont les monts et les vallées sont si riches en grandioses beautés, qu'interprète avec succès une active et vaillante phalange de peintres.

Ce ne serait déjà que justice que de mettre ici en première ligne les artistes dauphinois, puisque ce sont eux, pour ainsi dire, et leurs amis qui ont ouvert les portes de Grenoble et de son salon à tous ceux du dehors ; mais comment ne pas commencer notre visite et notre petite étude par les paysages du Dauphiné, quand ceux-ci ont pour les faire connaître et apprécier un Dauphinois aussi convaincu de leurs beautés et aussi puissant pour le traduire que M. l'abbé Guétal ? A côté, en effet, des autres tableaux exposés par ce si sympathique artiste, et que nous mentionnerons plus loin, sa vaste et importante toile « *La vallée de la Meije à la Grave* » suffirait à elle seule pour attirer au Musée la foule des visiteurs ; elle est le « clou » du salon grenoblois de 1890, un grand clou forgé d'or et serti d'émeraudes et de diamants rosés.

Dans ce tableau, qui occupe tout un panneau de la dernière salle du Musée, vous voyez au premier plan un petit torrent, tout fraîchement né sous les crevasses des glaciers de la Meije, venir à vous en cascadant parmi les rochers qu'il a entraînés des hauteurs en ses jours de crues. Au delà, et au pied du dernier contrefort des monts rocheux, quelques peupliers et un petit bois jettent dans le paysage leurs notes vert tendre, puis des pâturages et des pentes de plus en plus arides s'élèvent par gradins en s'appuyant sur les bancs de rochers soulevés, et enfin, au-dessus des derniers et sauvages massifs de pierre, les glaces éternelles de la Meije s'étalent en une splendide nappe, rosée par les caresses du soleil couchant, et nacrée par des ombres et des reflets bleuâtres qui lui donnent comme une vie éthérée. Au delà de ces splendeurs de la Meije, les glaces teintées de rose s'étendent encore sur des sommets plus lointains, d'où elles descendent en pentes ombrées entre des saillies abruptes de rochers dans une vallée profonde, que cache en partie au spectateur un mont plus proche couvert de pâturages et de bois de mélèzes.

L'impression que produit cette grandiose peinture, avec son ciel si pur, avec ses couleurs à la fois si variées et si harmonieuses, avec l'air si vif que l'on y sent vibrer, cette impression est d'autant plus puissante que la légèreté de touche et la grâce facile du coup de pinceau, qui sont le propre de M. Guétal, font oublier le travail du peintre, et mettent l'attention du spectateur uniquement sous le charme des beautés qu'il a devant les yeux. On sent que l'artiste n'a pas seulement mis dans cette œuvre son esprit et son cœur, mais qu'il y entraîne pour un moment les nôtres, qui nous semblent se relever et se purifier à la contemplation des grandes œuvres de Dieu.

Ne pouvant étudier ici toutes les toiles exposées par M. Guétal, cet infatigable pionnier de la nature, nous mentionnerons seulement encore celle qui figure au centre de la première salle du Musée et qui contraste notablement avec la précédente. Elle présente à vos yeux le *Massif des monts qui entourent la Grande-Chartreuse*, tel que vous pouvez l'embrasser depuis les dernières pentes du Moucherotte ; au delà et au pied du dernier contrefort rocheux de cette montagne s'étend la plaine grenobloise. puis le Casque de Néron, le Rachais, le Grand-Som, etc., s'élèvent fièrement dans un ciel pur, chaudement dorés par le soleil du soir. Il n'y

a plus ici les contrastes de tons, les effets puissants qui éblouissent dans la haute vallée de la
Meije, mais il y a une simplicité de composition,
une combinaison heureuse des lignes et une harmonie générale de chaud coloris brun doré, qui
donnent à ce tableau un caractère particulier de
calme imposant et de grandiose sérénité.

Les envois des confrères dauphinois du sympathique maître paysagiste sont à peu près groupés aux alentours des glaciers de la Meije, dans la
dernière et longue salle du Salon grenoblois, et
nous allons passer rapidement en revue leurs diverses peintures qu'ils ont presque toutes consacrées
aux sites si variés de leur région.

M. BELLET, de Saint-Jean-de-Bournay, vous conduit aussi au pied de la montagne du Moucherotte, *aux environs de Fontaine*, mais il est tard et la
plaine que vous avez devant vous, toute couverte
des graviers et des sables d'alluvion du Drac, n'est
plus éclairée que par le reflet bleuâtre, un peu trop
bleuâtre, de la voûte du ciel ; seule une nappe d'eau
brille dans cette plaine pierreuse, en reflétant les
sommets des Alpes encore dorés par le soleil. Cette
toile qui aurait gagné à un peu plus de fermeté de
pinceau, évoque les mélancoliques rêveries, qui paraissent du reste être dans dans le tour d'esprit de
M. Bellet, car elles sont encore provoquées quoique
à un moindre degré par sa jolie petite pochade *Une
carrière abandonnée*.

C'est encore une plaine dauphinoise que nous
montre M. PACHOD, de Saint-Marcellin, mais celle-ci

est vaste, car dans la région nord de l'Isère, où vous vous trouvez aux environs d'*Optevoz*, l'horizon n'est plus dominé par les montagnes ; un bouquet de grands arbres le coupe seul dans le lointain, tandis que plus près de vous, et en avant d'un banc de rochers à pic, s'étale une mare d'eau où boivent quelques vaches et où se reflètent les teintes orangées du couchant. Comme la précédente, mais avec plus d'étude et de chaleur dans le coloris, cette peinture porte les pensées sur le soir de la vie.

Parmi les paysagistes du Dauphiné, M. CH. BER-TIER est particulièrement Grenoblois, en ce sens que c'est beaucoup dans le voisinage plus ou moins rapproché du chef-lieu, à Fontaine, à Eybens, à Proveysieux, qu'il cherche ses sujets ; il sait bien les y choisir et il sait bien les rendre. Sa peinture la plus importante, qui a figuré honorablement au Salon de Paris de 1888, est prise au-dessus du village d'Eybens, dont vous voyez la silhouette à travers la brume de l'automne en vous engageant sous ces noyers qui laissent tomber leurs dernières feuilles dans un chemin agreste et romantique ; cette toile fait une vive impression par la réunion habile de la douce mélancolie de l'automne avec l'énergie de la vie dont sont pleins les troncs de noyers bien mouvementés et les buissons à la luxuriante ramure et au feuillage tenace richement teinté.

Dans une toile plus petite, M. Bertier nous conduit au contraire en plein printemps dans le vallon de Proveysieux, et nous y trouvons avec plaisir, à un tournant de chemin et ombrageant à

demi une masure en ruines, un de ces pommiers
en fleurs qui sont très difficiles à rendre, mais
qui sont aussi d'un effet charmant lorsqu'ils sont
comme ici habilement rendus.

Dans la même salle encore, M. Bertier présente
un ravin de montagne avec un ruisseau s'échappant
du fouillis des arbustes pour sautiller parmi les roches entraînées dans son lit ; mais nous préférons la
toile suspendue dans la salle I, et dans laquelle il a
traité avec plus de vie et de coloris dans la verdure
un sujet analogue. En outre de ces paysages, et
comme pour montrer que son esprit et sa palette
savent interpréter toutes les saisons, ce paysagiste
grenoblois, dans une toile suspendue à la troisième
salle, vous conduit à la fin de l'hiver dans un des
chemins agrestes qui mènent à Proveysieux et vous
fait voir, de ces hauteurs, la plaine de l'Isère et du
Drac, au-dessus de laquelle s'élève par étages le
beau massif du Moucherotte, que tachent encore
de ci et de là quelques plaques de neige. Nous aurions voulu plus de netteté et une touche plus ferme
dans les terrains qui forment le premier plan de
cette peinture ; mais, à part cette petite lacune,
facile du reste à réparer, elle est d'un aspect sédui-
sant et ne peut que plaire aux amis du paysage
grenoblois.

Nous mentionnerons encore parmi les envois des
paysagistes dauphinois deux sérieuses études de
forêt et un paysage printanier de M. Emile Des-
moulins, de la Mure, les premières notablement
supérieures au second, puis un *Verger*, de M. A.

Félix, de Grenoble, qui nous montre que, sans
négliger sa nombreuse clientèle comme habile portraitiste il trouve le temps de parcourir la campagne, dont il sent et sait bien rendre le charme paisible. Enfin nous signalerons deux artistes qui sont
placés, par leur âge, dans les périodes les plus
opposées et extrêmes de la carrière.

Voici, en effet, d'une part, M. Debelle, le vénérable et sympathique ancien Conservateur du Musée
de Grenoble, qui expose sa grande toile si mouvementée et si historique représentant *La journée des
Tuiles* dans les rues de Grenoble, ainsi que deux
petites toiles toutes récentes, une jolie *Vue du Tail-
lefer*, prise non loin de Fontaine, et un coin de la
Route de Briançon par l'Oisans, qui reproduit bien
les sauvages gorges de rochers voisines de la Grave ; et voici, d'autre part, un très jeune peintre de
Bourgoin, M. J. Buisson, qui expose, croyons-nous,
pour la première fois et qui vous invite à une promenade *le Matin dans les prés*. La composition de
ce tableau est bonne et l'on ressent bien l'impression fraîche et un peu humide que font aux heures
matinales les verdures des bords de l'eau ; cependant nous ferons observer à l'artiste qu'il n'y a pas
concordance entière entre les tons doux et vaporeux
des montagnes et du ciel et la vive lumière qui
brille sur les prés, et surtout avec le reflet d'un bleu
assez ardent qui vibre sur le ruisseau. Mais ce tableau est peut-être un peu une allégorie, car M. Buisson en est encore aux heures matinales de sa carrière

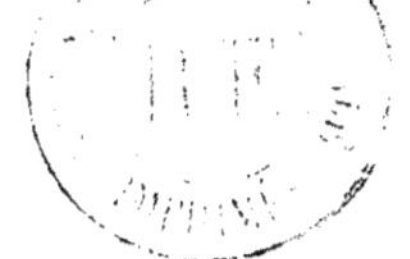

d'artiste, et l'on reconnaît avec plaisir dans sa toile des qualités de très bon augure pour cette carrière.

Chacun sait que M. Harpignies figure aujourd'hui au premier rang parmi les peintres français, et il y a bien là de quoi donner courage aux jeunes artistes, car ils savent que ce maître, qui figure souvent aujourd'hui dans le Jury du Salon de Paris et auquel son talent a valu la décoration d'officier de la Légion d'honneur, n'avait pas même été reçu à ce Salon en 1863, et avait été réduit alors à exposer à celui des « Refusés ». Cet artiste a envoyé à l'Exposition de Grenoble (salle III), une toile de moyenne grandeur, l'*Ecluse de la Rigole à Saint-Privé*, et une autre plus petite, *Chaumière à Saint-Privé*, qui montrent bien les caractères principaux de son talent.

Nous aurions plutôt une préférence pour la peinture de M. Isembart, qui a quelque chose de plus agreste, de plus naïf. Dans son *Vallon dans les montagnes du Doubs* (salle II) dont les plateaux inclinés, les bois de sapin et les pâturages rappellent un peu la contrée de Quaix, près de Grenoble, l'on se sent bien dans la pleine lumière et l'on respire bien l'air vif et sain de la montagne. Les mêmes qualités de simplicité et de franchise se retrouvent dans la seconde toile du même peintre, *Une vue de village dans le Doubs*.

C'est aussi une peinture nullement bruyante, mais pleine de grand air et où les diverses valeurs offertes par la nature sont admirablement senties et exprimées, que le petit tableau de M. DURST, *Une cour de ferme à Saint-Valéry-en-Caux* (salle I), dans lequel, en arrière de grands arbres déjà assombris par l'approche du crépuscule, le soleil couchant lance ses derniers rayons lumineux.

Ce sont encore de petites toiles charmantes que celle de M. BINET, *Un jour d'été en Normandie* (salle III) avec ses champs, ses petits bois, et, dans le lointain, la ligne argentée de la Seine, et celle de M. BOUDOT, de Besançsn, dans laquelle vous êtes transporté en *Juillet en Franche-Comté*, au sein d'un vallon dont les vertes prairies descendent à la rivière à peine entrevue au delà des futaies. Et l'on peut en dire autant des petits cadres de M. CARLOS LEFEBVRE (salle III) qui nous représente une *Prairie en Normandie* et un *Verger en fleurs*, dans lesquels la nature est rendue avec vérité et poésie à la fois, bien qu'on puisse leur reprocher un certain manque de lumière.

Ce dernier tableau n'est pas le seul du Salon, bien loin de là, où les arbres fruitiers soient représentés en leur gaie parure du printemps. Tandis que, en effet, c'eût été il y a bien peu d'années encore, une audace, une hérésie impardonnables que de produire, dans une peinture, quelque pommier avec ses bouquets de fleurs hlanches ou quelque abricotier avec ses fleurs rosées, ils sont nombreux aujourd'hui les artistes qui ne reculent pas devant cette manifestation de la nature. Et ils ont raison, suivant nous , car, puisque les vergers fleuris sont si pleins d'attraits pour les yeux et les esprits, pourquoi ne pas chercher à les reproduire sur la toile et à renouveler ainsi les charmantes impressions du printemps et de ses neiges blanches et roses. L'entreprise est difficile, c'est vrai, et souvent ici, en croyant être seulement simple et sincère, l'on peut tomber dans le trivial ; mais les Carlos Lefebvre, les Vayson, les Bertier, et d'autres encore, montrent qu'il n'est nullement impossible à l'art du peintre de rendre les arbres fleuris avec les idées riantes qu'ils amènent.

Bien différentes des toiles dont nous venons de parler, sont celles de M. ROLL, et sa peinture puissante n'est pas de celles qui plaisent à chacun et qui attirent au premier coup d'œil. Si, par exemple, vous regardez de près sa *Vieille Chaumière* (salle III) vous serez désorienté par la grosseur, la grossièreté presque des coups de pinceau ; mais éloignez-vous un peu et vous respirerez le grand air, vous éprouverez la vérité et le sentiment dont cette peinture est pleine, vous aimerez cette pauvre ferme des champs avec sa blonde toiture, et cette mare d'eau où se jouent si bien en dessous des grands arbres les reflets du ciel.

Dans le *Soleil couchant* qu'expose encore M. Roll (salle I), vous avez au contraire devant vous de vastes pâturages sans arbres, une plaine sans fin au travers de laquelle une petite rivière coule, lente et somnolente, et sur la ligne fuyante de l'horizon le globe rouge feu du soleil baigne dans le bleu violacé des lointaines vapeurs. C'est là une peinture d'une grande hardiesse de composition et en même temps d'une simplicité solennelle.

Dans la salle III, nous pouvons signaler encore de M. DAMOYE une belle étude de marais, dans laquelle un ciel doré et mouvementé se reflète au milieu des ajoncs, et de M. DUMOULIN, de Paris, deux toiles d'une très bonne facture mais d'un caractère franchement exotique. Elles représentent l'une la rue des *Fantans à Makao,* que comprendront bien tous ceux qui ont parcouru les bazars chinois de l'Exposition de 1889, et l'autre le *Temple de Mississipi-bey à Yokohama;* on peut signaler dans cette dernière peinture, à la touche large et ferme, la remarquable perspective, tant aérienne qu'architecturale, de l'escalier monumental qui paraît constituer presque à lui seul le temple du bey japonais.

L'on trouve au salon deux paysages dotés du simple et joli titre de *Printemps,* et tous deux sont peints en cette touche légère qui tend assez à se répandre aujourd'hui, et qui se rapproche un peu de la fresque. La toile de M. ZUBER (salle IV), avec sa petite rivière dormant parmi les roseaux et son harmonie lumineuse, est de bonne peinture, mais nous sentons plus de poésie dans celle de M. Laurent DECROUSSAUX (salle III), avec sa verte prairie de hauts herbages, parmi lesquels deux enfants jouent sur une palissade et que dominent de grands arbres où se glissent les rayons dorés du soleil couchant.

C'est sans doute aussi une douce impression de printemps que veut nous faire ressentir Mlle Louise Abbema (salle I), avec son grand tableau *Falaise fleurie,* mais notre esprit s'y refuse, et elle ne nous parle pas le langage de la nature cette vaste toile mi partie grise et verte, où se dresse une jeune personne tout de gris et blanc habillée, et la gorge serrée dans le col droit absolument disgracieux de la mode actuelle ; ne voyant pas ce que vient faire en ce monotone et vague paysage cette figure qui paraît si fière de sa taille mince et comme diaphane, nous la laissons à sa fierté et passons outre.

Voici justement dans la même première salle, pour le grand plaisir des yeux et de l'esprit, deux cadres renfermant chacun quatre petites peintures de M. Vayson, qui sont autant les unes que les autres pleines d'air, de lumière, d'esprit et de sentiment de la nature. C'est pourquoi, à un visiteur qui nous demandait laquelle de ces peintures nous préférions, notre réponse n'a pu être que celle-ci : nous les préférons toutes !

Il n'est que juste de mentionner encore quatre petites toiles de M. Beaudoin, réunies dans un même cadre et représentant divers sites des environs de Paris, puis les très bonnes peintures de M. Nobillet, intitulées *Coin de jardin,* les *Tournesols fleuris,* et enfin dans la salle III nous devons signaler plusieurs jolies petites toiles de M. d'Arcos, qui sont d'une grande finesse mais ont d'autant plus besoin de signalement qu'elles sont de dimensions minuscules.

L'Ecole des paysagistes qui s'intitulent les *impressionistes* était représentée au Salon grenoblois de 1886 par M. Claude Monet, et elle l'est cette année par M. Pissarro, mais ces deux officiers de l'école ont si bien les mêmes principes et les mêmes procédés de peinture que l'on croit revoir aujourd'hui les tableaux exposés il y a quatre ans. C'est même idée de représenter la nature en délimitant le moins possible les contours des objets, c'est même emploi de centaines et de milliers de petits coups de pinceau, gris, bleus, verts, roses, jaunes, rouges, accumulés les uns à coté ou au-dessus des autres, et avec lesquels on s'efforce uniformément de rendre le ciel, les maisons, les arbres, les personnages et les animaux.

Nous constatons bien dans les deux tableaux, exposés par M. Pissarro, *Une cour de ferme* et *Pruniers en fleurs*, ainsi que précédemment dans ceux de M. Monet, une recherche, un effort, un travail intellectuel méritoires; mais nous estimons que

cette recherche et ce travail sont mal orientés, et
que ces artistes et toute leur école font fausse route
et s'enferrent en une fâcheuse ornière, en nous
présentant des maisons, des arbres et des êtres vi-
vants qui paraissent doués de transparence, et qui
papillotent sous la lumière du soleil sans porter
d'ombre sur le sol. C'est beaucoup, c'est trop de
hardiesse que d'imaginer et de vouloir nous faire
accepter une nature tout autrement combinée que
celle faite par le Créateur.

Elle est bien de cette dernière, et elle repose des
bizarres efforts de l'école impressioniste, cette
haute vallée des Alpes du Valais, en Suisse, que
M. Lortet nous montre (salle IV) s'étendant majes-
tueusement au pied du massif du *Breithorn*. Il y a
beaucoup de grandeur et beaucoup d'observation
des beautés alpestres dans ces pâturages à l'herbe
courte, parsemés de sombres bois de sapins, et
couvrant des bancs de rochers sur lesquels descend
en cascade un torrent dont les eaux ont ce ton gris
que donnent les récents orages, tandis que les sommets neigeux brillent au milieu des dernières
nuées qui s'éloignent. Beaueoup de choses dans
cette peinture rappellent celles de *Diday* et de *Ca-
lame*, ces deux puissants artistes suisses qui ont
les premiers reproduit sur la toile les beautés des
hautes régions alpestres, et qui les ont si bien fait
apprécier que la médaille d'or du Salon de Paris et
le ruban de la Légion d'honneur sont venus récom-
penser pour tous deux leur initiative et leur génie.
Peu ont eu comme M. Lortet l'énergie de les suivre

et le bonheur de les presque égaler, mais le *Lac de l'Eychauda* et surtout la *Vallée de la Meije à la Grave* témoignent que M. Guétal est arrivé à les surpasser, et ce ne sera que justice qu'il reçoive les mêmes honneurs que ses deux prédécesseurs.

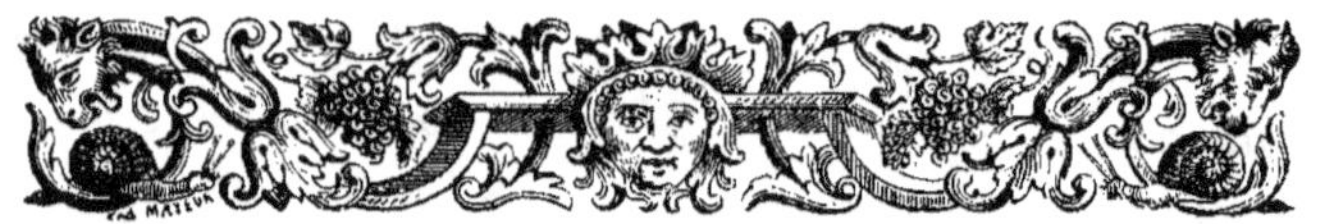

LES PORTRAITS ET LES TABLEAUX
D'INTÉRIEUR, DE GENRE, ETC.

Nous sommes comme forcé de réunir ici ces diverses branches de l'art de peindre, car elles ont pour caractère commun de vouloir représenter l'homme, la femme et l'enfant, tantôt groupés et tantôt pris isolément, et il serait souvent fort difficile de déterminer la limite qui les sépare, parce qu'il leur arrive volontiers d'empiéter et de chevaucher les unes sur les autres.

Pour commencer par le portrait proprement dit, nous dirons que la première salle de l'Exposition en offre plusieurs de particulièrement remarquables par des qualités et des caractères divers.

Voici d'abord une grande toile dans laquelle M. ROLL, l'artiste célèbre dont nous avons déjà apprécié les paysages, a représenté l'ingénieur de la ville de Paris, le grand organisateur de l'Exposition de 1889, *M. Alphand*, que tous les Dauphinois sont heureux de compter comme un des leurs. En avant des chantiers de construction, des palais du Champ-de-Mars, vaguement esquissés en tons clairs grisâtres, s'avance en son énergique stature le vénérable ingénieur qui a été l'âme de cette grande œuvre ; rien de cherché ni dans sa pose ni dans ses vêtements, mais une peinture simple et franche qui reporte tout l'intérêt sur ses traits et ses yeux si expressifs, et chacun sent que ce n'est pas tant encore par cette main qu'en cette puissante intelligence qu'ont été dessinées les hardies conceptions qui ont fait l'admiration de tous les peuples.

Dans la même salle, et comme pendant au portrait de M. Alphand, figure une assez grande toile qui appartient au Musée national de Cracovie et qui représente Mlle ANNA BILINSKA, peinte par elle-même. Le nom de cette artiste polonaise est encore peu connu, mais il mérite certes bien de l'être, car on sent vibrer dans cette peinture un talent hors ligne ; une tête énergique avec des cheveux bruns roux et des sourcils noirs très prononcés, des yeux et des traits d'une puissante expression, un ensemble qui manque peut-être de la grâce mais qui a bien la souplesse de la femme, tout cela est rendu avec un pinceau large et une entente du coloris qui donnent à cette peinture une vraie valeur. Tout récemment la Faculté de droit de Paris, en recevant doctoresse une jeune femme, ne l'autorisait pas à endosser par-dessus ses vêtements ordinaires la toge noire du barreau, transformant ainsi l'axiome juridique : « opposition sur opposition ne vaut » en celui de

« robe sur robe ne vaut » ; mais à Mme Bilinska personne ne refusera certes le plein droit d'endosser la robe d'atelier par-dessus celle de maison, car elle a fait sa place au premier rang dans la grande famille des artistes.

Dans la même première salle et aux côtés du beau paysage de M. Guétal se trouvent deux excellents portraits peints par M. d'Apvril ; les poses bien naturelles, la justesse du dessin, du modelé et du coloris, placent suivant nous ces toiles parmi les meilleures figures du peintre dauphinois.

Ce doit être sans doute un portrait aussi que cette peinture en ovale et au riche et lumineux coloris qui, sous le titre de *la Valse des Papillons*, représente un jeune garçon à la tête bouclée jouant de la guitare, et au bas de laquelle se lit la signature aimée de M. Blanc-Fontaine, un Dauphinois encore ; mais voici dans le voisinage deux figures qui sortent du portrait pour entrer dans l'allégorie.

C'est d'abord le *Printemps*, que M. Regnier vous présente en une ravissante peinture, sous les formes toutes souples et fraîches d'une jeune femme aux cheveux blonds piqués de roses, dont le joli corps se détache gracieusement sur un ciel bleu clair ; puis c'est *Hébé* qui vient à vous l'amphore dans une main et la coupe dans l'autre, courant parmi les nuées avec ses pieds nus et en ses formes jeunes et harmonieuses. Ce tableau de Madame Salles Vagner est bien supérieur à celui intitulé « Eve et ses enfants » qu'elle avait envoyé à Grenoble en 1886, et si quelques-uns lui reprochent d'être un peu « grisaille », on ne peut que leur souhaiter de voir toujours, au milieu des grisailles de la vie, l'Espérance accourir auprès d'eux comme Hébé, légère et vêtue de rose.

Elle fait grand contraste avec les deux toiles précédentes, celle de Madame de CHAMP RENAUD, *la Jeune mère* assise en plein air auprès du berceau de son enfant ; la pose est naturelle, le dessin est correct, et l'effet de ce groupe serait agréable sans l'arbuste qui l'ombrage et dont en haut les feuilles vertes et en bas les feuilles tombées peuvent se compter une à une, sans la masure dont chaque pierre peut se compter aussi, sans le fouillis lourd et nuisible de tout cet entourage encombrant.

M. GAY, le peintre dauphinois, présente plusieurs toiles, déjà bien connues des amateurs grenoblois de peinture pour avoir figuré plus ou moins longtemps dans les vitrines du chef-lieu, et que nous sommes ainsi dispensé de décrire longuement. C'est d'abord la *Récréation du grand-père*, jolie composition d'intérieur, où la lumière est bien distribuée, mais dans laquelle la figure de l'aïeul est malheureusement un peu gâtée par un travail étrange du pinceau qui la rend comme granuleuse. C'est ensuite l'*Ermite de Voreppe*, qui sort de sa cabane le fusil à la main pour pourchasser les oiseaux qui en veulent aux raisins de ses treilles ; mais les jeux de lumière et d'ombre ont dans cette toile une importance exagérée qui lui donne quelque chose de papillotant et de fatiguant. Ces jeux se voient fréquemment dans la nature, nous ne l'ignorons pas, mais ils sont alors perdus dans un entourage étendu qui les atténue, et ils n'ont pas en plein air le caractère heurtant que leur donne leur isolement dans une toile.

Nous préférons grandement le joli tableau dans lequel M. Gay nous conduit en pleine campagne et en pleine lumière auprès d'une jeune paysane qui coud assidument, assise au soleil sur un banc de rochers pour surveiller de loin son troupeau qui pâture ; il y a dans cette peinture lumineuse, aux lignes bien comprises et à la touche légère, beaucoup d'harmonie et de poésie champêtre et naïve.

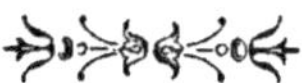

Dans la salle IIIe, cette salle aux petites dimensions affectée d'ordinaire à l'Ecole française moderne, les portraits et les peintures d'intérieur et de genre sont bien plus nombreux que les paysages, et il y en a une grande richesse de fort brillants.

Voici d'abord un grand portrait qui a ce double attrait de représenter et d'avoir pour auteur deux artistes dauphinois, et des artistes hors ligne. C'est en effet M. JULES BERNARD, l'habile Conservateur du Musée de Grenoble, l'auteur de la toile si réputée « la Bohémienne » qu'on admire dans le salon de

M. Thiervoz, qui présente à ses compatriotes leur célèbre statuaire *H. Ding*, l'auteur du monument du Centenaire de Vizille, des statues de Jouvin, de la Prière, de la Muse de Berlioz, et de tant d'autres superbes œuvres d'art. Vous trouvez le sculpteur debout dans son atelier, appuyé sur un de ses chevalets et la spatule à la main ; sa stature et sa tête pleines d'énergie et parfaitement mouvementées et modelées se détachent avec vigueur et en un excellent coloris sur le fond rouge sombre de sa salle de travail, et dans les traits expressifs du visage comme dans la profondeur du regard, vous sentez travailler cet esprit penseur qui sans cesse cherche, conçoit et exécute des œuvres d'art nouvelles, toujours empreintes de son génie puissant.

Elle est d'un célèbre artiste dauphinois aussi, de M. Fantin Latour, cette petite toile qui est intitulée *Tentation*, et qui, sans la date de 1888 qu'elle porte, vous paraîtrait provenir de quelque peintre du Moyen âge et sortir de quelque vieille chapelle gothique. Et il y a beaucoup de poésie dans cette vague et mystique peinture, qui vous montre un ermite méditant au pied des rochers auprès d'un crâne humain, tandis qu'une sylphide aux formes tentatrices et aux blonds cheveux flottants voltige autour de lui et l'appelle de sa voix séduisante.

C'est aussi à l'allégorie qu'a recouru M. Royer Lionel en nous représentant *une Source* sous la forme d'une jeune femme qui, parmi les longues feuilles et les fleurs violettes des iris d'eau, laisse négligemment tomber la seule draperie, violette aussi, qui la couvrait et rejette en arrière son abondante chevelure, en nous montrant les beautés de ses formes onduleuses et les fraicheurs de sa fine peau de rousse. Le sain coloris de son corps plait mieux, malgré sa pose un peu prétentieuse, que les traits de sa figure qui sont maniérés et comme étirés par la ligne trop foncée des sourcils.

Une grande toile de M. MAX LEENHARDT, de Montpellier, vous conduit en même temps dans un atelier et au sein d'un jeune ménage; un peintre a laissé partir ses élèves et ses visiteurs et commence à enseigner son art à sa compagne aimée, en disant: nous voici *entre nous*, et en lui donnant pour modèle leur bébé qui vient de s'endormir rose et potelé sur un divan. Cette peinture n'est pas seulement remarquable par son habile exécution et son coup de pinceau souple et ferme, elle est encore d'un grand et sympathique effet par sa composition habile et sobre, par ses teintes harmonieuses, et par un réalisme si simple et si vrai qu'il est tout rempli à la fois de la poésie du travail et de la poésie de la famille.

Mais voici une toile plus grande encore que celle de M. Leenhardt, que M. DAWANT, de Paris, expose sous le titre de la *Barque de Saint-Julien*, et qui nous rappelle quelque peu le grand tableau de la « barque des Saintes-Marie » que M. de Gaudemaris avait envoyé au salon grenoblois de 1886. Dans le bateau de Saint-Julien sont assis une pauvre vieille femme avec un enfant, un jeune homme à l'expres-

sion désespérée et un pauvre vieux presque nu et
affalé par la faiblesse, tandis que le Saint, grand et
vigoureux, manie fortement l'aviron pour les trans-
porter sur l'autre rive du fleuve qu'on aperçoit à
distance. Il y a peut-être là une allégorie qui doit
nous enseigner à lutter par le courage et la charité
contre les épreuves du courant de la vie, mais on
ne voit pas dans cette grande composition, cependant bien étudiée, ce que les malheureux auxquels
Saint-Julien sert de « passeur» gagneront à être sur
la rive du fleuve où il les conduit plutôt que sur
celle qu'ils viennent de quitter.

En dessous de ce tableau vos yeux sont attirés
par une très petite mais très fine peinture, par une
ravissante figure de jeune femme dont le pur et vif
coloris s'encadre dans une abondande chevelure
rousse, et vous vous expliquez bien le charme de
cette petite toile quand vous apprenez qu'elle est
de HENNER, le grand artiste de Paris, qui en a fait
don à un de ses amis de Grenoble.

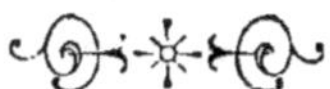

Dans la petite salle III encore, voici quatre aquarelles placées par exception parmi les peintures à l'huile
et en bonne place vers la cymaise, et cette exception se motive par le rôle important que joue dans

les Beaux-Arts leur auteur M. Besnard, grand prix
de Rome, ainsi que par leur remarquable valeur
intrinsèque ; elles sont, il est vrai, difficiles à comprendre au premier moment, mais plus on les étu-
die, plus on en apprécie l'esprit, et leur puissance
de coloris est telle que pour l'observateur elles
font presque pâlir les tableaux à l'huile qui les en-
vironnent, contrairement au sort ordinaire des
aquarelles.

Elles ne nous plaisent pas d'une manière égale,
ces peintures de M. Besnard, et nous trouvons notamment d'une composition confuse et lourde celle
intitulée *Au bord du lac le soir* ; mais la *Petite fille
cousant*, dont la figure blanc rosé se détache hardiment sur un fond jaune paille, est d'une richesse
de tons et de coloris remarquable, et rappelle ainsi
« la jeune fille à la pomme » que l'auteur avait envoyée au Salon de Grenoble en 1886 et qui avait
frappé tous les connaisseurs.

C'est comme une variante et un renouvellement
de la légende du cygne et de Léda que présente
M. Besnard dans son aquarelle *Une femme et un
paon*, et il a su y mettre, avec un coup de pinceau
qui étonne au premier abord par son apparence vague et confuse, une richesse de coloris et un mouvement étonnants. Mais plus étonnante encore à cet
égard nous apparaît l'aquarelle représentant *le Soleil
et la Nuée,* qui est une petite esquisse partielle d'un
. plafond que l'artiste est chargé de peindre à l'Hôtel
de Ville de Paris ; dans cette composition hardie et
curieuse, il nous montre le soleil d'un blanc lumi-

neux brillant au milieu de nuées dorées qui ondulent autour de lui, et dont l'éclat chatoyant passe par des teintes roses et rougeâtres pour arriver au violet sombre lorsque les gouttelettes de vapeur d'eau se pressent et se condensent en nuages. Lorsque nous contemplons un moment cet étrange petit tableau, il nous semble s'agrandir étonnamment, et sous les impressions poétiques qu'il inspire nous croyons entrevoir un des majestueux épisodes de la Création, alors que, bien au delà de notre terre encore sans forme, les grands luminaires furent créés et les nuées et les ténèbres séparées.

Bien des siècles se sont écoulés déjà depuis ces époques grandioses jusqu'au moment où, dans un beau pastel qui figure aussi fort bien parmi les peintures à l'huile de la troisième salle du Musée, nous sommes mis par M. Bouvier, de Vinay, en présence de la première femme, d'*Eve* la blonde, lorsqu'elle va cueillir la pomme ; les belles formes et le moelleux coloris de son onduleux corps nu qui se détache bien sur le feuillage, et les raccourcis remarquables de la tête et des bras donnent à cette étude un attrait particulier.

Nous en trouvons moins dans une peinture toute voisine, ovale et encadrée de gris, dans laquelle M. Le Bayle, de Paris, nous présente une *Nymphe jouant avec l'amour,* car à côté de l'enfant aux ailes bleues comme celles d'un oiseau martin-pêcheur, la jeune femme nous semble avoir le coloris un peu trop fade par places et les bras un peu bien grêles.

Elle est très proche encore des précédentes, la peinture envoyée par *M. Alex. Séon*, et intitulée *Un soir d'Eté*, et elle étonne au milieu de ses sœurs par la sobriété des lignes et le caractère presque vaporeux des figures et même des arbres et de la prairie, qui paraissent presque n'avoir pas plus de consistance que les nuées dorées du ciel ou le reflet de ce ciel dans le ruisseau qui dort parmi les herbages; mais c'est dans cette simplicité même de la forme et du coloris, c'est dans la pensée qui domine dans le tableau que réside la poésie de cette peinture, qui représente bien l'école célèbre de M. Puvis de Cabanes dont M. Séon est un des brillants élèves.

Non loin du « Soir d'Eté » et au-dessous de l'Eve de M. Bouvier vous trouverez, de M. NEMOZ, de Thodure, une très petite toile qui représente un très grand sujet : *Néron devant le cadavre d'Agrippine*, et si l'on voit rarement les scènes importantes de l'histoire traitées ainsi dans des cadres minuscules, on reconnait ici, à la sûreté du dessin et du pinceau, que l'on a affaire à un artiste consommé. Et l'on est frappé du contraste qui existe entre ce mode de peindre et celui d'un autre artiste dauphinois, M. HUGUES PICARD, de Voreppe, qui expose tout près de là un *Portrait du père Chessex*, qui est d'une fine observation et d'un excellent pinceau.

Il est des plaines flamandes, M. FRANZ VERHAS, qui a envoyé au Salon de Grenoble deux ravissants ta-

bleaux qui ne déparent certes pas la troisième salle,
et sa peinture a bien le caractère de propreté ac-
complie et de luxe confortable des riches intérieurs
de son pays, mais elle a encore bien d'autres qualités plus remarquables et sérieuses. Dans chacune
de ces deux toiles vous êtes transporté dans une
pièce d'appartement où les tentures, les vases de
fleurs et tous les meubles, depuis le vieux bahut
recouvert d'écaille à la colonnette porte-bougies en
marbre, sont peints avec une perspective, une justesse de tons parfaites, et où les jeunes femmes
jouant avec leurs petits chiens se présentent à vous
avec une grâce dans les mouvements, une riche et
fine coloration des figures et des vêtements, qui
donnent à ces peintures un charme harmonieux
tout particulier.

En quittant cette salle où nous nous sommes
longtemps arrêté, nous avons encore à mentionner
les tableaux de M. Hébert, de ce grand artiste
dauphinois qui ne vient ici après d'autres que par
suite de l'arrivée tardive de ses envois, et la situa-
tion comme la réputation hors ligne de ce maître
nous permettent de citer seulement pour ainsi dire
ceux-ci. Voici, dans ce cadre noir, la *Prière*, personnifiée en cette jeune femme aux traits fins et purs
qui appuie sur le dossier de son prie Dieu ses mains
un peu trop fluettes peut-être, tandis que, dans la
demi-teinte enveloppante de l'église, un rayon de
lumière tombant de quelque ogive vient chatoyer
brillamment sur la tenture et sur quelques points
du voile et faire vibrer la peinture entière. Et voici

un portrait qui vous présente, ressortant en un moelleux et chaud coloris sur un fond bleu foncé, une fraîche et belle figure admirablement modelée, dont on voudrait seulement voir la ligne trop prolongée du col un peu modifiée par la pose ou interrompue par quelque draperie. Voici enfin, se dessinant sur un fond vert, une superbe figure de femme aux cheveux blonds foncés, et dont le col et les épaules ressortent en belles formes et en riche coloris sur une fourrure rousse ; cette peinture, aussi pure de dessin qu'harmonieuse de tons, sera certes considérée comme une des plus belles du maître.

Avant de quitter la petite salle carrée du Musée, qui forme comme le centre artistique du Salon de 1890, nous avons encore à y citer deux toiles arrivées à la dernière heure quoique nées à Grenoble même. L'une, de M. J. Bernard, vous montre une pauvre vieille affalée sur un banc de roches au milieu d'une vaste plaine, et trop épuisée pour pouvoir porter au logis la lourde charge de bois mort qu'elle a laissé tomber à ses pieds ; elle a le dos voûté et la poitrine creusée, mais on voit à sa figure, énergique encore, que, si elle est *à bout de forces*, elle n'est pas à bout de courage, et cette peinture simple est largement touchée et pleine d'expression. L'autre toile, qui a amplement racheté son arrivée tardive par ses qualités de mouvement et d'éclat, est due à M. d'Apvril, et constitue certainement une des plus belles de cet artiste. Il a su faire comme chanter ensemble tous les tons du noir dans une harmo-

nieuse toilette de ville que porte, avec une charmante allure, une fort jolie femme à la figure expressive, et ce tableau attrayant semble avoir amené
avec lui, dans la salle, le mouvement de la jeu-
nesse.

Au moment où ces feuilles vont être mises sous
presse, voici encore qu'on apporte dans le Salon
carré de l'Exposition deux tableaux petits, tout petits, mais qui grandissent bien vite aux yeux et surtout pour l'esprit, quand on y voit éclater le talent
et qu'on y lit cette signature éloquente : MEISONNIER,
1888. L'une de ces petites toiles vous présente, sur
une chaise gothique très ornementée un joyeux
Joueur de Mandoline en bas rouges, dont le costume élégant agrémenté de vastes manchettes et
collerette se détache vivement sur les tons bruns
du fond et du plancher.

L'autre, plus petite encore, vous montre appuyé
sur la banquette verte d'une loge *Un noble Seigneur
vénitien* qui reste modestement dans la pénombre,
tandis que sa gracieuse compagne à la chevelure
blond foncé et à la robe jaune pâle échancrée,
brille en pleine lumière. On ne peut se lasser d'admirer le mouvement, l'esprit et la finesse, ainsi que
l'habile composition et le riche coloris de ces minuscules peintures qui donnent bien l'idée du talent hors ligne de l'éminent maître.

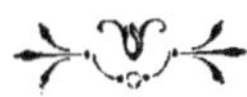

Quelle opposition étrange entre les peintures précédentes et quel ues-unes de celles qui frappent vos yeux dans la vaste IV° salle du Musée, et notamment celles de M. Moreau et de Mlle Cornillac.

La *Mandolinata*, de M. MOREAU DE TOURS, présente dans sa tenue de singuliers contrastes, et dans cette grande toile, qui est du reste d'un dessin correct et d'un riche coloris, l'on ne se rend pas compte pourquoi la joueuse de Mandoline, dont la riche nature rappelle un peu la « forte femme..... » d'Alfred de Musset, a les seins et les pieds nus, tandis qu'elle est drappée dans une chaude tunique de velours et qu'elle repose sur d'épaisses fourrures.

Ils sont moins vêtus encore que Mandolinata, *les Sablonniers du Rhône* que Mlle CORNILLAC, choisissant singulièrement le sujet de son tableau, a soigneusement étudiés et vous présente en grandeur naturelle et presque au naturel, et cette étude d'académie se dessinant sur un ciel et un terrain durement peints n'offre pour le spectateur qu'un intérêt de réalisme.

M. CHARLES BLACHE est un jeune peintre dauphinois, qui a pris rang à Paris parmi l'école des *Indépendants*, et dont les études, d'un réalisme prononcé aussi, ont été fort discutées lorsqu'elles ont paru l'hiver dernier dans les vitrines de Grenoble. Le *Sorcier*, qu'il expose aujourd'hui au Salon, est bien réaliste, mais avec une facture qui rappelle celle des peintres primitifs hollandais ; s'il y a quelques défauts dans cette peinture, comme la chevelure trop cotonneuse et la main droite d'une anatomie impossible, elle traduit cependant chez l'artiste, non seulement une imagination bizarre, mais un talent véritable, car ce n'est pas à chacun que l'on peut dire : Vous avez voulu produire quelque chose d'affreusement laid et vous y avez réussi.

Nous préférons ne rien dire, pour ne pas avoir à en trop médire, des deux jeunes enfants et surtout de l'*Insurgée* qu'expose aussi M. Blache, mais nous admirons la puissance de coloris qui éclate dans son *Portrait fait le soir*, d'une jeune fille avec une chèvre, et le réalisme de bon aloi qui règne dans son excellente peinture du *Paysan*.

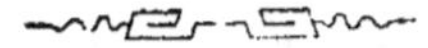

Il y a du réalisme aussi, mais du réalisme vraiment nature dans la grande toile où M. F. BASTET, un Dauphinois aussi, nous montre de simples *jardins* potagers, plantés méthodiquement de choux et autres légumes et séparés par une prosaïque balustrade, tandis qu'en arrière s'alignent les maisons du village aux toits rouges et aux murs jaunes clairs; deux bons voisins font une petite causette d'un jardin à l'autre. C'est bien dessiné, c'est clair et sincère, mais cela fait l'effet d'une immense photographie coloriée et ne dit rien à l'esprit. Combien nous

préférons la belle toile de M. Bastet où, en plein
Juillet, les blés bien mûrs ondoient au soleil dans
un vaste paysage coupé par de grands arbres, et
dans lequel court un chemin de culture envahi par
la verdure, car on sent ici la puissance de la terre
fertile qui travaille sous la chaleur du soleil, on
sent le grand air de la pleine nature qui assainit
les poumons.

Dans la même salle IV figurent deux grandes
toiles aux sujets plus ou moins légendaires. Le
Bon Samaritain, de M. de BEL AIR, est une bonne
étude d'académie au riche coloris placée dans un
paysage un peu mou et dans un cadre trop restreint
eu égard à la grandeur des personnages. M. TOLLET
a représenté, dans une peinture assez fantastique,
une jeune femme dont le beau corps, à peine couvert d'une gaze très légère, se laisse admirer à la
lueur jaunâtre d'un feu de souffre qu'a attisé la
vieille devineresse qu'elle est venue consulter ; si
la figure hideuse, les mains et les pieds crochus et
le costume étrange de la Sibylle vous reviennent
en cauchemar la nuit, les beaux traits, les formes
souples et la peau blanche de Bacchis vous revien-
dront heureusement en même temps.

Mais voici M. GAY qui vous ramène du mysti-
cisme à la vie pratique et qui, sans vous faire at-
tarder dans de hauts et fatiguants escaliers, vous
transporte comme d'un vol dans une mansarde de
Grenoble, d'où, par-dessus les toits et en longeant
les cheminées, l'on entrevoit au loin les contreforts
de la Moucherolle. Elle semble soupirer après le

grand air des champs et des monts, cette jeune
femme auprès de laquelle se repose un moment le
métier à broder les gants, et elle se laisse douce-
ment envelopper par la belle lumière qui vient du
dehors inonder sa mansarde ; cette toile est traitée
avec un coup de pinceau si léger et avec un dessin
et un coloris si harmonieux qu'elle nous semble
une des meilleures de M. Gay.

Dans cette même vaste salle rectangulaire le visiteur rencontre encore un bon nombre de portraits
dont quelques-uns méritent certainement d'être ci-
tés. Tel celui de M. V..., que M. J. BERNARD a traité
d'un pinceau large et habile, et qu'on sent devoir
être fort ressemblant par la vie et l'expression qui y
règnent ; tel encore celui de M. HUVEY, peint par
lui-même et qui donne une excellente idée du talent de l'auteur ; tels encore le portrait du paysagiste *Ravanat*, par Mademoiselle CALVAT, de Grenoble, et celui qu'a fait d'un de ses amis M. PARA-
DIS, de Saint-Véran, et encore les deux têtes de
jeune femme qu'a peintes M. ROUSSET, de Gap, et
qui doivent être une même figure placée ici sous le
voile de la *Villageoise* et là sous la cape de la
Veuve.

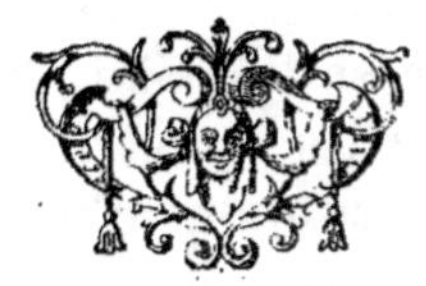

SUJETS MILITAIRES. — MARINES
ANIMAUX

Dans la première salle du Musée, M. Roy, de
Lyon, vous transporte en la salle d'armes d'un régi-
ment la *Veille d'un duel* ; dans une vaste salle bien
éclairée et ornée de panoplies militaires, le maitre
d'armes boucle son plastron avec une apparence
indifférente, qui cache peut-être quelques craintes
pour le jeune sous-officier dont le duel est fixé au
lendemain. Celui-ci, qui sent tous les regards des
« camarades » fixés sur lui, se redresse fièrement
comme sûr de réussir, et ne songe nullement à la
mère, à la fiancée qui l'attendent peut-être au loin.
Cette peinture, au coloris clair et vif, offre beaucoup de mouvement et une bonne perspective dans
les lignes et dans l'air.

Dans la troisième salle, voici, de M. Sicard, un
autre peintre lyonnais, une charmante toile dans
laquelle l'artiste nous montre un gendarme à che-
val, couvert de son vaste manteau, recevant un

verre de vin des mains d'une jeune fille et faisant avec elle un *Brin de causette* ; les raccourcis de la monture sont bons, le paysage est lumineux et la peinture est à la fois solide et fine.

Dans la salle IV, vous trouvez de M. Moreau, de Tours, une petite scène de guerre en pleine campagne, et vous vous intéressez à ces braves « lignards » couchés *en tirailleurs* dans le ravin d'une vieille carrière abandonnée, ainsi qu'à leur officier bravement campé sur le talus ; puis votre attention est attirée par une toile de M. J. Bastet qui réunit, en un savant désordre et avec des coups de lumière et un relief frappants, une collection curieuse *d'armes* anciennes, de flissas, de yatagans, de petits boucliers et de casques de reitres.

Il est d'une variété étonnante dans ses manifestations, le talent puissant de M. Bastet, car, outre les portraits qu'il expose et ses deux paysages dont nous avons fait ressortir les caractères si différents, il est entré hardiment, et seul parmi les peintres dauphinois, dans la peinture militaire. Outre son tableau des armes, il présente en effet, dans la salle I, un officier et un soldat *en reconnaissance* à la limite d'un village, au milieu d'un joli paysage d'hiver dont le lointain est doré par les rayons du soleil couchant, et dans la salle III, le portrait en pied d'un maitre d'armes. Le costume gris blanc du maitre se détache avec un modelé et un mouvement remarquables sur les tons gris divers du plancher et du fond de la salle d'armes, et l'artiste a admirablement vaincu les difficultés d'une pein-

ture en trois nuances d'une même couleur, comme
il a bien traduit la pose et la figure énergique de
son modèle.

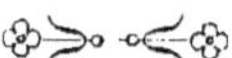

Les toiles consacrées à la *Marine* ne sont pas
rares au Salon de 1890, mais on n'y rencontre aucune signature dauphinoise ; nos peintres aiment
trop leurs Alpes et les collines par lesquelles elles
descendent aux plaines pour aller souvent respirer
l'air salé des plages ou des ports de mer.

Ce sont du reste, on peut le dire, des étrangers
qui l'emportent dans cette branche de l'Exposition,
et c'est M. ERRAZURIS, un Chilien habitant Paris,
qui y occupe le premier rang par ses deux petites
toiles placées dans la salle III. Dans son *Effet de
calme*, une flotille de petits bateaux attendent, tran-
quilles, sur une mer dormante et dans une lumière
douce, qui descend comme tamisée d'un ciel bru-
meux un peu doré sur l'eau qui sourit par petites
vagues très fines, tandis que, dans sa marine de
Soleil couchant, c'est une flotille encore, mais active
et affairée, courant sous un ciel dont les petites
nuées s'étalent en une sorte d'arc-en-ciel rouge doré
autour du globe lumineux qui descend à l'horizon.

Dans la troisième salle et au-dessous des Alpes
de la Grave, voici Mlle A. BILINSKA, dont nous

avons admiré la peinture comme portraitiste, qui nous présente ici une petite toile de marine, *Une pochade* selon son modeste dire, mais une pochade qui réunit dans son petit cadre une grande observation et un vif sentiment des beautés de la grande nature. Artiste dans l'atelier nous avons laissé Mlle Bilinska, artiste nous la retrouvons au bord de la mer.

Le genre de peinture employé par M. GAGLIARDINI, dans une petite toile voisine, pour nous représenter *Un coin du port de Toulon*, nous paraît malheureux par son caractère chargé, exagéré et comme tapoté, et nous préférons grandement cette autre petite esquisse, voisine aussi, que M. LATENAY dénomme *Un retour de pêche*.

Comme peintures de marine de grandes dimensions, l'on ne peut donner que des éloges à M. IWILL, pour son étude prise à *Midi en septembre à Concarneau* (salle I), dans laquelle on ne voit pour ainsi dire pas la mer, mais dont le vaste ciel et la grève mouchetée de petites flaques d'eau ont de beaux effets lumineux. Dans son autre toile, *Novembre, mer du Nord*, le même artiste a peint avec beaucoup de charmes une grève recevant la pâle lumière d'un soleil d'hiver qui perce avec peine un ciel grisâtre.

M. LAPOSTOLET nous paraît trop chercher l'effet dans sa peinture un peu lourde de pinceau *Un Quai à Rouen*, et nous préférons beaucoup celle plus lumineuse et bien aérée *Barques de pêche à Trouville*. Dans la même salle I que celle-ci, M. BERTHELON, expose une vue bien peinte mais fort peu enga-

geante de *La Nouvelle jetée de Tréport un jour de
tempête*, et l'on se demande si cette jetée et ce phare
pourront subsister longtemps s'ils ont souvent à
recevoir le choc des lourds paquets d'eau écu-
mante qui viennent les assaillir pour rebondir sous
le vent en longues écharpes.

Nous citerons enfin, avant de quitter les marines,
celle très mouvementée mais au ciel un peu lourd,
de M. FLAMENG, et dans la même salle latérale celle,
paisible au contraire et très lumineuse, dans
laquelle M. BAUDIT, de Bordeaux, a représenté un
vieux ponton échoué et servant de logis aux
pêcheurs sur une grande grève ensoleillée du
bassin d'Arcachon.

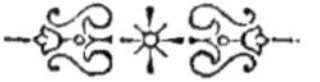

En parcourant les salles du Salon de 1890, l'on ne
peut que se demander avec regret pourquoi donc
les peintres dauphinois négligent tous, comme d'un
commun accord, la *Peinture d'animaux* pour-
tant si variée et appréciée. Ils doivent voir cependant, comme nous les voyons tous, les chevaux et
les mulets si nombreux des services militaires ani-
mer les grandes routes et les voitures publiques
aux attelages surmenés y rouler, chargées et caho-
tantes ; ils doivent voir les immenses et si curieu-

ses caravanes des moutons de la Camargue ondu-
lant lentement sur les chemins des hauts pâturages comme un flux et un reflux, avec leurs béliers
conducteurs, leurs ânes porteurs, leurs bergers et
leurs chiens ; ils doivent voir dans les prairies et
les villages élevés le beau bétail de la montagne et
surtout la race bovine de Villard-de-Lans, si remarquable par ses belles formes et sa robe dorée.
Espérons donc qu'ils ne se contenteront pas de les
voir en promeneurs, mais qu'ils les verront en artistes, et qu'au prochain Salon de Grenoble l'on
pourra admirer quelques toiles d'un « animalier »
dauphinois, émule des Rosa Bonheur, des Brissot de
Varville, etc. La place est libre et elle sera bonne
à qui saura bien la prendre.

Les Dauphinois brillant par leur absense, l'Exposition actuelle est fort pauvre en tableaux d'anima-
liers. Les meilleurs sont sans contredit ceux de
M. BRISSOT DE VARVILLE, dont *Le troupeau* figure
dans le petit salon carré, tandis que sa jolie étude
La rentrée des moutons à la bergerie se trouve suspendue dans le portique de communication entre
les salles I et II, au-dessous d'une charmante toile
du peintre suisse ZUBER-BUHLER, représentant un
enfant endormi en *École buissionnière*.

M. VAYSON, dont les petites études méritent et
remportent au Salon tant d'éloges, nous semble
moins heureux avec sa toile plus grande intitulée
Vaches normandes (salle IV). Un soleil brillant ca-
resse au milieu d'un bon paysage les formes bien
accusées et les robes chaudement colorées de ces

vaches, mais elles ne semblent avoir aucune envie de boire l'eau brunâtre qu'elles traversent, et qui leur paraît sans doute comme à vous lourde et visqueuse, et le petit veau qui veut rejoindre sa mère n'ose s'aventurer dans ce liquide suspect.

Il ne nous reste plus qu'à citer dans les salles latérales une très grande toile de M. CHARPIN représentant un groupe bien mouvementé de moutons au pâturage, et une autre très petite et gentille de PENET, de Romans, montrant une souris *bibliophile* occupée à son repas, et nous aurons épuisé la liste bien courte des peintres d'animaux de l'Exposition grenobloise.

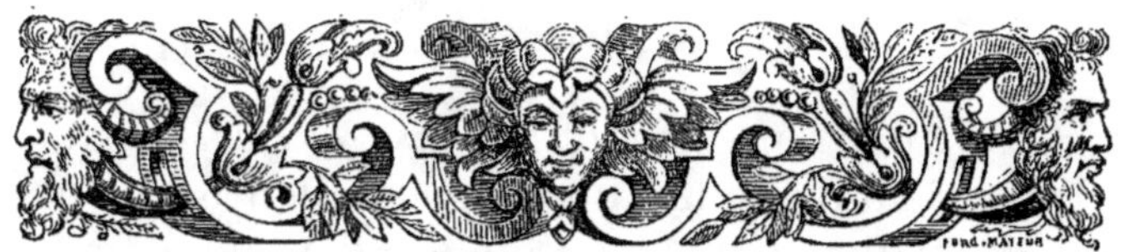

LA SCULPTURE

On ne peut certes pas se plaindre ici, comme en ce qui concerne la peinture d'animaux, de l'indifférence des artistes dauphinois, car ils sont nombreux ceux d'entre eux qui cultivent cette branche si difficile de l'art qui emploie, pour traduire ses idées, la terre et le plâtre d'abord, puis le marbre ou le bronze, et ils n'ont pas seulement le nombre, ils ont aussi la qualité.

Le premier d'entre eux, dont le beau portrait attire particulièrement les visiteurs dans le petit salon carré de l'Exposition, a envoyé à celle-ci un remarquable buste en marbre du célèbre paysagiste dauphinois *Achard*, dont l'abondante chevelure, et surtout la figure expressive et jusqu'au regard un peu caustique sont admirablement rendus. Mais c'est surtout avec sa statuette en marbre

Stella Montis, représentant la *Muse de Berlioz*, que
M. DING vient d'ajouter un nouveau fleuron, et un
des plus brillants, à sa couronne artistique, déjà si
chargée.

Cette statuette occupe la place d'honneur du
Salon de 1890, au milieu de la grande salle du
Musée, et rien ne peut s'imaginer de plus harmonieux de composition et de formes, de mieux fait
pour représenter le génie musical du grand compo-
siteur dauphinois, que cette jeune femme au corps
ravissant, appuyée sur l'instrument de prédilection
de Berlioz. Regardez cette muse suivant la diagonale
du socle et au travers des cordes de la harpe ; vous
ne verrez pas sa tête, mais vous admirerez le splendide mouvement de ses bras, de ses seins et de tout
son corps penché en arrière et recevant en plein la
lumière ; regardez-la précisément en sens opposé,
et vous admirerez, sous sa tête à la chevelure rame-
née en avant, le mouvement onduleux des épaules
et du dos qui semblent s'incliner dans un affaisse-
ment méditatif, et que soutiennent des hanches
et des jambes superbement posées et modelées.
C'est la poésie mystérieusement personnifiée en une
forme vivante et admirable.

Dans cette même grande salle se trouve une
statuette en bronze de M. BÉGUINE, un *David vain-
queur*, qui a figuré très honorablement à un des
Salons de Paris ; le corps du jeune combattant est
d'un mouvement et d'un modelé anatomique remarquables, mais nous n'aimons pas l'expression dure
de sa figure fixant seulement la poignée de l'épée

de Goliath, et nous ne pouvons admettre, pour la tête de celui-ci tombée à terre, ni son calme et sa barbe soigneusement frisée, ni ce casque qui n'a n'a jamais été la coiffure des habitants de la Judée.

Dans les angles de la salle centrale de l'Exposition, et comme pour accompagner les superbes vases de la Manufacture nationale de Sèvres envoyés gracieusement par l'Etat, se voient quelques jolies statuettes de genres très variés. C'est, du sculpteur dauphinois RAMBAUD, un plâtre très gracieux dans sa simplicité, une jeune fille donnant *la becquée* à un petit oiseau; c'est, de M. BARTLETT, un groupe en bronze, qui n'est pas très sérieusement étudié comme anatomie, mais qui est très décoratif par l'opposition frappante entre un jeune ours lourd et massif et son montreur au corps maigre et souple et à la tête expressive ; c'est enfin, de M. BEYLARD, une jolie terre cuite, une jeune femme que harcèle son enfant pour obtenir la flûte de Pan qu'elle lui refuse par *taquinerie*.

Dans cette salle encore, un petit buste de Mirabeau en biscuit de Sèvres, don du Ministre des Beaux-Arts, qui figurera dans la loterie de l'Exposition. C'est bien là la tête, la pose du grand orateur dont on remarquait dans la rue la laideur, mais qui à la tribune imposait à chacun ce cri : qu'il est superbe !

Le local contigu renferme encore, entourés de vases de fleurs, les envois de plusieurs sculpteurs que nous ne pouvons citer tous; nous mentionnerons seulement le fin petit buste du *Rieur*, par un très jenne artiste, M. GIRAUD ; *le Charmeur de serpents*, jolie esquisse de M. CHAPPUY, de Grenoble, pleine de mouvement et d'esprit, ainsi que les envois de M. BOURGEOT, de Lyon, et de M. EUSTACHE BERNARD et de M. BASSET, de Grenoble, et nous nous arrêterons un moment devant une minuscule statuette de *Henri IV enfant*, exposée par la SOCIÉTÉ ÉLECTRO-MÉTALLURGIQUE FRANÇAISE, récemment installée à Froges, dans le Grésivaudan.

Il est gracieux ce petit Béarnais, la taille serrée dans son pourpoint et tenant en main sa légère épée, mais ce n'est pas la statuette qui nous attire, c'est le métal dont elle est coulée, car il fait à l'Exposition de Grenoble, pour la première fois, croyons-nous, son apparition dans la statuaire, et il est probablement appelé à amener une révolution dans cette branche de l'art. Ce métal nouveau, dont vous constatez ici la couleur gris d'argent et le grain très fin et brillant, possède en effet un ensemble de qualités qui le destinent à remplacer le bronze, non seulement dans l'industrie, mais aussi dans l'art, pour les moulages, les bas reliefs et les statues ; il est trois fois plus léger que le bronze et cependant remarquablement tenace et il ne s'oxyde jamais à l'air, ce qui est un grand mérite pour les monuments publics, et sa teinte un peu singulière pourra facilement recevoir des tons plus graves. L'aluminium coûtait, il y a trois ans encore, plus de 100 francs le kilo ; mais, dans les usines qui possèdent de puissantes forces motrices hydrauliques, on le tire aujourd'hui de la simple argile au moyen de courants électriques intenses, et son prix pourra descendre à 5 fr. le kilo., ce qui est très modéré vu son excessive légèreté. On ne peut que féliciter la Société de Froges d'avoir présenté au public dauphinois l'application nouvelle et fort intéressante à la Statuaire de ce métal encore très peu connu.

Pendant que nous sommes dans cette salle nous mentionnerons rapidement quelques-uns des envois intéressants qui y figurent et qui sont du ressort des *émaux,* de la *porcelaine,* des *faïences* et de la *céramique.*

Nous citerons d'abord, dans l'élégant panneau dont la belle tapisserie des Gobelins intitulée *Pénélope* forme le centre, une jolie miniature de Mademoiselle A. SÉGUIN, de Grenoble, représentant une jeune femme en costume de la cour de Henri IV, puis *Bethsabée* et *La mort de Virginie,* deux belles peintures sur porcelaine de Madame HORTENSE RICHARD, ainsi que des émaux et porcelaines de Mademoiselle M. BABLON, de Grenoble, et de jolies fleurs en terre cuite de Madame JULES DE MAISONVILLE, de Grenoble aussi.

Les œuvres féminines dominent dans les branches qui nous occupent en ce moment, car voici encore de Mademoiselle Baboin, de Grenoble; un assortiment très remarquable de plats, de brocs, de garnitures de chapelle, etc., en terre et émaux de Saint-Vallier ; de beaux plats de faïence sous couverte grand feu de Mademoiselle Stryjenska de Genève ; un beau plat décoratif de Mademoiselle Bonniel de Grenoble, et enfin des assiettes terre cuite de M. Daveaux, de Grenoble aussi.

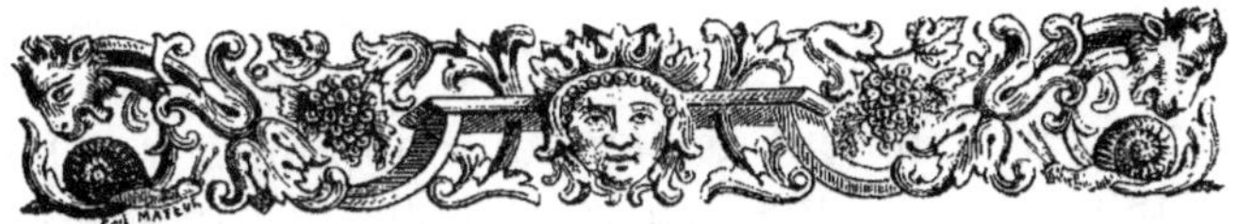

AQUARELLES, PASTELS ET DESSINS
FLEURS ET FRUITS
NATURES MORTES

Tous ceux qui connaissent un peu les choses de l'art et le tempérament des artistes savent que le caractère, l'esprit, le don artistique d'un peintre et sa manière de saisir et d'interpréter la nature, se traduisent dans une simple aquarelle ou dans un dessin au crayon ou à la plume, sinon aussi complètement que dans une œuvre de grandes dimensions peinte à l'huile, tout au moins d'une manière très accentuée et très vive. Et même, telle feuille de papier dessinée ou lavée par un artiste dans un moment d'impression et d'ardeur sera mieux « de lui » que telle grande toile qui respire la lassitude, et où quelquefois même il semble voir suinter un peu l'ennui.

Il n'est cependant guère dans l'usage des peintres d'envoyer aux Expositions des aquarelles ou des dessins, et le salon de Grenoble en a peu reçu

d'eux et notamment de ceux du Dauphiné ; les chevalets installés dans la grande salle du Musée représentent cependant, grâce à ces quelques envois
et à plusieurs feuilles signées par des amateurs
distingués, un véritable intérêt.

Dans les aquarelles, voici d'abord deux feuilles de
HARPIGNIES qui sont fort remarquables par la simplicité des tons employés, du gris, un peu de brun
et de bleu seulement, et par l'air et le sentiment
qu'on y sent vibrer. Mme N. de ROTHSCHILD a envoyé trois aquarelles de très grandes dimensions
dans lesquelles, avec un dessin vigoureux et un ro-
buste coloris, l'auteur semble avoir comme recher-
ché, pour les affronter et les surmonter, certaines
difficultés de la peinture à l'eau ; elles sont belles
toutes trois ces aquarelles, mais notre préférence
est pour celle du *Moulin à Catane*. M. VERNIER expose une belle marine fort mouvementée ; M. Paul
de FABRY des marines aussi et des bords de mer,
et Mme de MORNARD plusieurs fort belles études
prises en Normandie et réunies dans un seul cadre.

Parmi les aquarelles des peintres ou amateurs
grenoblois nous mentionnerons celles prises à Ram-
bouillet par Mme Jules de MAISONVILLE, à Corenc
au printemps par M. RECOURA, au *Touvet* un soir
d'hiver par M. Ed. BRUN, un fort bel assortiment
d'excellentes études de M. MELCHIOR JAUBERT, l'habile professeur de dessin, et enfin, de M. CHATROUSSE,
une aquarelle faite à Annecy et une autre prise à
Proveysieux, avec les valeurs bien observées et
beaucoup d'air et de saveur naturelle.

Depuis qu'il s'est constitué à Paris une *Société des pastellistes* analogue à celle des *aquarellistes*, l'attention s'est portée sur la peinture au pastel, qui n'a ni l'éclat ni la solidité de celle à l'huile, mais qui a bien son charme particulier. Les pastels ne paraissent guère entrer dans les goûts des artistes dauphinois, et ils sont par suite peu nombreux à l'Exposition, mais il y en a quelques-uns de très remarquables, et en dehors de la belle figure d'Eve de M. Bouvier, que nous avons mentionnée, l'on doit une citation bien élogieuse aux deux superbes pastels de grandes dimensions envoyés par M. Iwill. Ce sont de vrais tableaux, pleins d'espace et de coloris et d'un rendu remarquable, que son *Coucher de soleil en avril* à Barbizon, sur la lisière de la forêt de Fontainebleau, et sa *Journée de septembre*, sur la grève de Pornic en marée basse.

De toutes les branches de l'art représentées à l'Exposition la plus faible quant au nombre des envois est celle du *dessin* proprement dit, qui possède cependant aussi à Paris sa société spéciale et qui, sous le nom de *Noir sur Blanc*, compte beaucoup d'amis fervents et d'habiles adeptes.

Nous n'avons guère à citer ici que deux beaux fusains de M. Victor Cassien, un vétéran parmi les artistes dauphinois, qui nous montre une vue du *Lac Lovitel* et une *Ferme aux bords de l'Isère*, en nous laissant regretter de ne point voir en outre quelques-uns de ses dessins à la mine de plomb qu'il manie avec autant de goût et de fermeté que le fusain.

Combien l'on regrette aussi de ne trouver au Salon qu'un croquis de labour en montagne de M. Emile Guigues, d'Embrun, et combien l'on aurait aimé y admirer quelques-uns de ces dessins à la plume, si pleins d'observation, de finesse d'esprit et de brio, que ce sympathique artiste, ce Toppfer dauphinois, produit avec tant de verve !

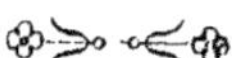

Nos lecteurs, et nos lectrices surtout, ont pensé peut-être jusqu'ici que dans nos promenades à travers le Salon Grenoblois nous passions, comme sans les voir, devant tous les cadres représentant les fleurs et les fruits ; mais nous les avons fort bien vus, et elle est bien loin de nous la pensée que ce genre de peinture est sans attrait. Dans la nature qui nous entoure chaque chose a ses beautés, et la fleur ou le fruit les plus grossiers, le brin d'herbe même le plus commun, sont des chefs-d'œuvre en leur genre, et la peinture d'une forêt vierge aura souvent pour nous bien moins d'intérêt que celle d'un bouquet bien fait et composé de fleurs et de verdures aimées. Si donc nous avons retardé jusqu'ici de parler des fleurs et des fruits, c'était seulement pour mieux grouper ensemble les divers modes de les représenter, ce que les uns font par la peinture à l'huile, d'autres par le pastel et d'autres encore par l'aquarelle.

Dans la première salle de l'Exposition l'attention est attirée fortement par deux grandes toiles décoratives, dans l'une desquelles M. GRIVOLAS, de Paris, a fait un *bel étalage de fleurs*, tandis que dans l'autre M. PACHOT, de Saint Marcellin, a réuni de grosses pivoines. On s'arrête aussi dans cette salle devant l'harmonieux bouquet de roses de Noël exposé par Mme GRUYER, de Sassenage, et devant celui de chrysanthèmes que Mlle CALVAT, de Grenoble, a envoyé dans un vase bronzé reposant sur un coussin bleu.

Dans la salle III l'on remarque la toile de Mlle PIOLLET, de Grenoble, représentant un beau vase de giroflées, et surtout celle de M. HENRI BIVA, qui a cependant trop fait recherche, ce nous semble, d'opposition et de contraste, en plaçant un panier bien soigné de roses à l'ombre de grands tournesols en plein champ; ceux-ci paraissent bien de notre avis, car ils abaissent sur ce voisinage étrange de grands visages ronds étonnés. Nous citerons enfin parmi les fleurs peintes à l'huile les bonnes chrysanthèmes de M. MELCHIOR JAUBERT, que l'on voit dans la grande salle IV, baignant dans un vase en verre fort bien rendu.

Sur les chevalets de la table centrale voici de nouveau des fleurs, et notamment de belles fleurs rouges et jaunes pâles, peintes au pastel avec beaucoup de grâce par Mlle A. SÉGUIN, de Grenoble, et encore des aquarelles superbes et admirablement lavées par M. PAUL BIVA, représentant des roses thé et des roses rouges en vase, et aussi des chrysanthèmes. La bonne peinture des fleurs à l'aquarelle est particulièrement ardue et méritoire, parce qu'ici la franchise de la teinte étalée rapidement d'un seul coup de pinceau est la première condition du succès, et que l'empâtement, si facile et si souvent toléré dans la peinture à l'huile, est absolument interdit.

Parmi les toiles, assez peu nombreuses du reste, où sont représentés des fruits, celles qui méritent le plus d'éloges sont les plantureux raisins noirs en panier et les pêches sur un plat de M. BENOIT, ainsi que les beaux raisins blonds, rouges et noirs, s'écroulant d'un panier parmi des pêches et des poires, qu'a envoyés Mme GRUYER, de Sassenage, pour la loterie de l'Exposition, et l'on ne peut que féliciter d'avance l'heureux gagnant qui aura à sa disposition ce succulent dessert.

Au nombre des artistes qui présentent au Salon des *Natures mortes*, nous trouvons encore Madame GRUYER qui met sur la table un très bon plat de poissons avec une laitue frisée et divers accessoires, puis Mme LALOGE, qui a placé des poissons de mer entre le panier qui les a apportés et le chaudron où ils vont passer. Mais en fait de chaudrons, nous préférons celui auquel M. DAVEAUX, de Grenoble, a si bien su donner les tons, ici rouges et là gris, et les reflets du métal, et auprès duquel il a placé un canard au plumage si bien rendu.

Il est encore dans les salles du Musée plusieurs branches d'exposition d'un intérêt très varié, mais que notre cadre ne nous permet pas, à notre grand regret, d'examiner en détail. Nous ne pouvons donc que mentionner rapidement quelques meubles d'art et bas reliefs en bois sculpté ainsi qu'un assortiment de mosaïques envoyés par divers industriels grenoblois, de beaux plans et dessins d'architecture exposés par MM. CHATROUSSE ET RICOUD ainsi que par M. RECOURA, de Grenoble, et deux forts remarquables collections de photographies présentées, l'une par M. E. CHARPENAY, et l'autre par MM. DE MONTAL, C. GIRAUD et H. FERRAND, de la *Société dauphinoise d'Amateurs photographes.*

Enfin nous regrettons de ne pouvoir que signaler en passant une exposition d'un haut intérêt et qui mériterait à elle seule une longue description, celle des vues et des albums photographiques de la belle et si utile œuvre de la *Restauration des montagnes,* exposition installée au Musée par l'ADMINISTRATION DES FORÊTS, et qui présente à un haut degré le double attrait de l'art et de la science.

En arrivant au terme de nos notes sur le Salon grenoblois de 1890, nous sentons, plus encore que le lecteur, combien elles sont incomplètes et insuffisantes. Nous avons passé sous silence un bien grand nombre d'œuvres, les unes avec intention, parce qu'il n'y aurait rien eu à en dire que de signaler leur médiocrité, les autres par oubli ou manque de place, et pour celles-ci nous demandons excuse aux exposants. Il est enfin des œuvres remarquables qui n'arriveront au Salon qu'après l'apparition de ces feuillets, comme le *Cimetière de Pariset*, de M. Bastet, et d'autres toiles venant du Salon de Paris, et notre regret est vif de ne pouvoir en parler ici.

Même avant leur arrivée, l'Exposition grenobloise de 1890 est brillante par la variété inouïe des envois qui y figurent et par l'excellence d'un grand nombre d'entre eux, et elle dépasse certainement beaucoup en importance et en éclat celle de 1886. L'honneur en revient au Comité de la Société des Amis des Arts, et à M. Marcel Reymond tout particulièrement; le profit en sera pour les artistes dauphinois, qui y puiseront des idées nouvelles et des enseignements précieux, ainsi que pour les amateurs des beaux-arts, qui y trouveront une ample moisson de jouissances.

Tout notre désir est que ces lignes puissent concourir en quelque chose à resserrer les liens qui doivent unir les uns aux autres tous ceux qui aiment les beautés de la nature en toutes ses manifestations. Les expositions passent avec leurs écoles, leurs modes et leurs systèmes, la nature reste avec ses saveurs, ses beautés et ses grandeurs.

Grenoble, juillet 1890.

Ed. Lullin, Ingr.

3221. — Grenoble. imp. E. Vallier et Cie, boulevard de Bonne. 1.

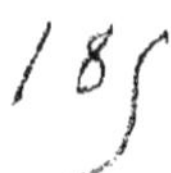

www.ingramcontent.com/pod-product-compliance
Lightning Source LLC
LaVergne TN
LVHW022330170726
843503LV00006B/2804